BEI GRIN MACHT SICH IHR WISSEN BEZAHLT

Bibliografische Information der Deutschen Nationalbibliothek:

Die Deutsche Bibliothek verzeichnet diese Publikation in der Deutschen National-
bibliografie; detaillierte bibliografische Daten sind im Internet über http://dnb.d-
nb.de/ abrufbar.

Impressum:

Copyright © 2018 GRIN Verlag
Druck und Bindung: Books on Demand GmbH, Norderstedt Germany
ISBN: 9783346165060

Dieses Buch bei GRIN:

https://www.grin.com/document/542640

Jens-Gerrit Eisfeld

Hochdeutsch als Muttersprache

Ist Hochdeutsch eine Kunstsprache, die nicht als Muttersprache erworben werden kann?

GRIN Verlag

GRIN - Your knowledge has value

Der GRIN Verlag publiziert seit 1998 wissenschaftliche Arbeiten von Studenten, Hochschullehrern und anderen Akademikern als eBook und gedrucktes Buch. Die Verlagswebsite www.grin.com ist die ideale Plattform zur Veröffentlichung von Hausarbeiten, Abschlussarbeiten, wissenschaftlichen Aufsätzen, Dissertationen und Fachbüchern.

Besuchen Sie uns im Internet:

http://www.grin.com/

http://www.facebook.com/grincom

http://www.twitter.com/grin_com

Deutsch als Zweitsprache für Sprachdozenten

postgraduales Zertifikatsstudium am

Institut zur Weiterqualifizierung im Bildungsbereich
an der Universität Potsdam (WiB e.V.)

Modul 1

Sprachwissenschaftliche Grundlagen

Hochdeutsch als Muttersprache

Ist Hochdeutsch eine Kunstsprache, die nicht als Muttersprache erworben werden kann?

Erstellt von: Eisfeld, Jens-Gerrit

Datum der Abgabe: 29.06.2018

Anzahl der Wörter: 5.095

„Kannst du einen Dialekt sprechen?"

> *„Nein"*

„Ich denke du kannst Platt sprechen."

> *„Ja, das ist aber kein Dialekt."*

(Dialog mit meinem Vater im Zuge meiner Umfrage)

„Ich habe mit meinen Kindern vom ersten Tag an, buchstäblich und wortwörtlich vom Nabelschnur-Durchtrennen an, Hochdeutsch gesprochen."

> *„Sehr lobenswert."*

(Dialog aus der Google-Gruppe „Wo spricht man das beste Hochdeutsch?")

(Google LLC 2018, 1)

Inhalt

1 Einführung

Die Menschheit verwendet Sprache geografisch und sozial unterschiedlich, die Sprache ändert sich im Laufe der Zeit, und auch je nach Anlass und Medium (Papier, Schallwellen, Email, Chat, etc.) verwenden wir Sprache unterschiedlich. Darüber hinaus benutzt derselbe Mensch verschiedene Sprachmittel in der Kommunikation mit unterschiedlichen Menschen und je nach Alter und emotionalem Zusammenhang.

Folgende Faktoren und Begriffe hängen mit Sprachunterschieden zusammen:

- geografisch
- sozial
- zeitlich
- Alter
- Familie
- Bildungshintergrund (Wortschatz, Wortwahl, Grammatik)
- Medium
- Empfänger / Kommunikationspartner
- schriftlich – mündlich
- offiziell – persönlich
- formell – informell – umgangssprachlich – vulgär
- Segregation – Konvergenz
- Anlass und emotionaler Zusammenhang
- gesellschaftliche Integration

Die Entwicklung der Sprache hin zu dem *Sprachaspekt* oder *Sprachausschnitt* einer bestimmten Person zu einer bestimmten Zeit in einem bestimmten sozialen und emotionalen Kontext lässt sich folglich vor dem Hintergrund all dieser genannten Aspekte betrachten und idealerweise auch erklären. Der Momentaufnahme eines Idiolekts, also sprachlicher Mittel einer Person zu einem bestimmten Zeitpunkt – quasi eine Art momentaner Soziolekt einer Person, ist also eine große Vielfalt an entstehungs- und situationsbedingten Parametern immanent.

Interessant sind daher Fragen wie: Welche Sprachvarietät benutzen wir wann und warum? Wann verwenden wir Hochsprache, Dialekt, Akzente, Färbungen, Slangs, etc. und wann lernen wir diese? Was lernen wir zuerst; was ist uns vertraut? Kann eine Hochsprache Muttersprache sein?

2 Fragestellung und Methodik

Ausgehend von den in der Einleitung genannten Themen und Fragen soll hier untersucht werden, ob Hochdeutsch respektive Standarddeutsch eine Kunstsprache ist, die per Definition ein Ideal darstellt, das niemand als Muttersprache erwerben kann?

Was ist Hochdeutsch und was ist Standarddeutsch? Ist gesprochenes Standarddeutsch aus einem künstlich vereinheitlichten Schriftdeutsch entstanden? Kann dieses gesprochene Deutsch sekundär als Muttersprache weitergegeben werden oder worden sein? Gibt es hochdeutsche bzw. standarddeutsche Muttersprachler?

Diesen Fragen soll in dieser Arbeit nachgegangen werden, wobei es dem Autor darum geht, einerseits die linguistische Seite der Definitionen und andererseits umgangssprachliche Bedeutungen und Auffassungen zu beleuchten.

Hierfür sollen erstens durch Literaturrecherche die Definitionen der oben genannten Begriffe geklärt werden sowie die Entstehung der geschriebenen und gesprochenen deutschen Standardsprache beschrieben werden. Zweitens soll das Thema durch eine Umfrage realitätsbezogen beleuchtet werden.

3 Definitionen

3.1 Was ist eine Muttersprache?

Die *Muttersprache* oder neutraler *Erstsprache* ist die Sprache, die ein Kind als erstes lernt – meist natürlicherweise von der Mutter und / oder anderen / weiteren „primären Bezugspersonen" (Wikipedia, 2018e.www, 1). Dies muss allerdings nicht immer die Muttersprache dieser Bezugspersonen sein, da Minderheitensprachen sprechende Eltern ihren Kindern häufig „die besser angesehene und vermutlich nützlichere offizielle Sprache" (Wikipedia, 2018f.www, 1) als Erstsprache beibringen. Die Muttersprache ist auch nicht notwendigerweise die Sprache, die eine Person am besten beherrscht, da durch Migration die Sprachentwicklung unterbrochen werden kann oder die Sprache später teilweise in Vergessenheit geraten kann.

3.2 Was ist Hochdeutsch und was ist Standarddeutsch?

Der Begriff Hochdeutsch ist ein sehr missverständlicher Begriff, da einerseits damit oft im normalen Sprachgebrauch „Standarddeutsch bzw. Schriftdeutsch" (Wikipedia, 2018a.www, 1) gemeint ist. Andererseits bezeichnet er die hochdeutschen Dialekte, also die regionale „Sprachvarietät in den höher gelegenen Gebieten des deutschen Sprachraums" (ebd., 1), wobei mit „höher gelegen" die „höhergelegenen (bergigen) Regionen des mittleren und südlichen deutschen Sprachraums" (ebd., 1) gemeint sind und nicht etwa auch die bergigen Gebiete Norddeutschlands.

Das Hochdeutsche ist eine Dachsprache, die aus den mittel- und oberdeutschen Dialekten hervorgegangen ist und zwar zunächst als überregionale Schriftsprache.

3.3 Was ist eine Hochsprache?

Eine Hochsprache ist eine überregionale Dachsprache, die von Sprechern verschiedener Dialekte gemeinsam zur Verständigung benutzt wird.

3.4 Was ist ein Dialekt, was ist eine Mundart?

Dialekte sind regionale Varietäten einer Sprache, die in geografischen Teilbereichen der überregionalen Hochsprache gesprochen werden und *parallel* zu dieser verwendet werden. Dialekte sind eher gesprochene als geschriebene Sprachen. In einem Dialektkontinuum können sich zwar Sprecher benachbarter Dialekte noch verständigen. Bei „Dialektsprechern derselben Sprache ..., die weit voneinander entfernt wohnen" (Wikipedia, 2018j.www, 2) ermöglicht erst „die überdachende Standardsprache ... eine gegenseitige Kommunikation" (ebd.).

Ein Dialekt unterscheidet sich von anderen Dialekten und der Hochsprache nicht nur durch seine Aussprache oder seinen Akzent (siehe nächstes Kapitel), sondern auch durch die Verwendung anderer Wörter für dieselben Gegenstände oder Bedeutungen.

Ein Synonym des Wortes Dialekt ist das Wort *Mundart*, welches „nur die obd. und omd. Dialektsprecher" (König 2015, 139) verwenden (obd. = oberdeutsch, omd. = ostmitteldeutsch).

3.5 Was ist ein Akzent, was ist eine Färbung?

Nebst Bedeutungen in anderen Bereichen wie beispielsweise Musik, Dichtung und Rhetorik hat das Wort Akzent mehrere für die Linguistik relevante Bedeutungen:

- „Betonung (einer Silbe, eines Wortes, eines Satzes)" (Dudenverlag 2018.www, 1)
- Betonungszeichen, also ein „Zeichen über einem Buchstaben, das Aussprache oder Betonung angibt" (ebd.)
- „Hervorhebung ... durch Tonhöhenvariation" (Stedje 2007)
- „Aussprache, Sprachfärbung, Ton, Tonfall; ... Lautung, Satzmelodie, Sprachmelodie; ... Intonation (Dudenverlag 2018.www, 1)
- „Übertragung von Aussprachegewohnheiten des Dialekts ... auf die Dachsprache" (Wikipedia, 2018i.www, 1)
- „Übertragung der Aussprachegewohnheiten der Erst-/Muttersprache ... auf eine später erlernte Fremdsprache" (ebd.).

Alle diese Definitionen beziehen sich auf artikulatorische (phonetische) und nicht auf bedeutungsdifferenzierende (phonologische) Lauteinheiten.

Nimmt man die beiden Definitionen von Wikipedia beim Wort, so können muttersprachlich Hochdeutsch-Sprechende (wenn es sie überhaupt gibt) gar keinen Akzent besitzen. Da das Hochdeutsche gleichwohl regionale phonetische (nicht phonologische) Unterschiede aufweist und es hierfür keinen einheitlichen Fachbegriff zu geben scheint, sei dieses Phänomen hier als *Färbung* bezeichnet.

3.6 Was ist ein Sprachbund?

Ein Sprachbund „ist eine Gruppe nicht verwandter Sprachen, die durch lange andauernden intensiven Kontakt und die daraus resultierenden Lehnbeziehungen so weit einander angenähert haben, dass sie viele Gemeinsamkeiten auf allen sprachl. Ebenen besitzen" (König 2015, 37).

3.7 Was ist eine Kunstsprache?

Eine Kunstsprache oder konstruierte Sprache ist eine Sprache, die „von einer Person oder einer Gruppe aus verschiedenen Gründen und zu verschiedenen Zwecken neu entwickelt" (Wikipedia, 2018g.www, 1) wurde.

Die für diese Arbeit interessanteste Gruppe der konstruierten Sprachen sind Plansprachen, also konstruierte Sprachen, „die für zwischenmenschliche Kommunikation geschaffen wurden" (ebd.) und die „internationale Verständigung ... erleichtern" (ebd.) sollen.

Bei A-Priori-Sprachen wird „der Wortschatz von Grund auf neu erfunden" (ebd.), wohingegen bei A-Posteriori-Sprachen die Vokabeln „aus eine[r] oder mehrere[n] Quellsprachen ... entlehnt werden" (ebd.).

3.8 Was ist eine natürliche Sprache?

Eine natürliche Sprache ist „eine von Menschen gesprochene ... Einzelsprache, die aus einer historischen, diachronen Entwicklung entstanden ist." (Wikipedia, 2018h.www, 1). Daher sind „Plansprachen" (ebd.) keine natürlichen Sprachen, „da sie nicht Ergebnis autonomer historischer Entwicklungen sind" (ebd.).

4 Ausgewählte Aspekte der Entwicklung zum Standarddeutschen

4.1 Die Ausdifferenzierung der indoeuropäischen Sprachen

Die germanischen Sprachen gehören der indogermanischen oder indoeuropäischen Sprachfamilie an und haben sich aus einem vermuteten und rekonstruierten „Urindoeuropäisch" (König 2015, 38ff) entwickelt. Durch die Einwanderung eines Teils der Indoeuropäer mit ihrer „überlegenen Technik des Ackerbaus" (ebd., 41) in den Raum der unteren Elbe und Oder sowie Südskandinaviens – so eine von zwei bei König hervorgehobenen Theorien – könnte es auch einen „Kulturtransfer, vor allem für Sprachen, Ackerbau und Viehhaltung nach Europa" (Wikipedia, 2018b.www, 1) gegeben haben. Diese Migration könnte durch die sogenannte „Misox-Schwankung" (ebd., 2) (s. Abbildung 1) verursacht worden sein, einer „relativ kurzfristige[n] Klimaveränderung rund 6200 Jahre v. Chr." (ebenda, 2), welche mit einer Abkühlung und „Aridifikation" (ebd., 2) in Anatolien und dem Vorderen Orient einherging.

Der durch die Migration bedingte Kulturtransfer scheint gleichwohl nicht notwendigerweise durch Eroberung und Unterdrückung erfolgt zu sein, da beispielsweise die indogermanischen Schnurkeramiker durch „Verschmelzung [mit] der ... älteren Trichterbecherkultur" (König 2015, 43) einen „neu entstandene[n] einheitl. Kulturkreis" (ebd., 43) hervorbrachten, bei dem sich nicht nur die Volksgruppen mischten (genetische Untersuchungen zeigen sogar, dass der „genetische Anteil der Trichterbecherleute überwiegt" (ebd., 43)), sondern sich auch die Sprache der Immigranten weg vom „freie[n] Wortakzent" (König 2015, 45) hin zur „Initialbetonung" (ebenda, 45) veränderte.

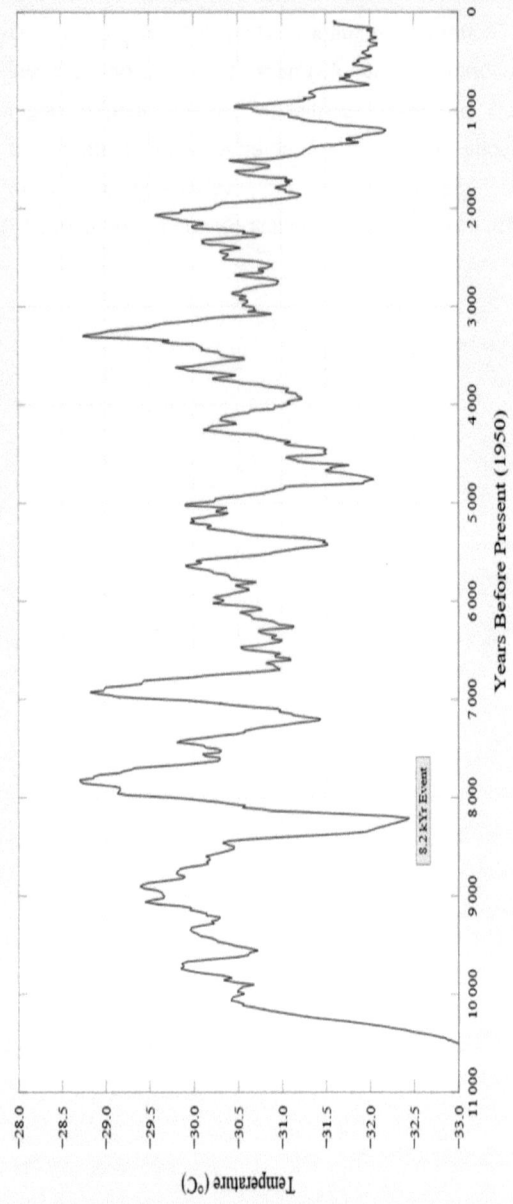

Abbildung 1: Rekonstruierte zentral-grönländische Temperaturkurve. Sie zeigt eine Abkühlung der Durchschnittstemperaturen 8,2 ka, also 6200 Jahre v. Chr (Wikipedia, 2018b.www, 2).

Diese Anpassung der Sprache und die germanische Lautverschiebung (siehe Tabelle 1) unterscheiden u. a. die germanischen von den anderen indoeuropäischen Sprachen und folglich ebenso die Germanen von den anderen (westlichen und östlichen) Indoeuropäern.

Nr	Indogerm.	→	Germanisch	→	Hochdeutsch
1	p	→	f	→	f
2	t	→	þ (th)	→	d
3	k	→	h (ch)	→	h
4	b	→	p	→	ff / pf
5	d	→	t	→	ss / tz
6	g	→	k	→	hh / ch
7	bh	→	b	→	b (alem./bair. p)
8	dh	→	d	→	t
9	gh	→	g	→	g (bair. k)

Tabelle 1: Germanische und hochdeutsche Lautverschiebung (Wikipedia, 2018d.www, 5)

Durch Ausbreitung der Germanen, geografische Distanz und Segregation sowie „Lehnbeziehungen mit Nachbarvölkern" (König 2015, 47) (Finnen, Kelten, Lateinsprecher u. a.) und weitere Faktoren könnten dann die unterschiedlichen germanischen Sprachen und Dialekte entstanden sein, von denen sich wiederum die „südlichen westgermanischen Dialekte" (Wikipedia, 2018c.www, 1) durch die zweite oder hochdeutsche Lautverschiebung und andere Veränderungen noch weiter zum Althochdeutschen entwickelten, wodurch sie sich insbesondere von den nachmaligen niederdeutschen Dialekten abhoben. Bemerkenswert ist, dass diese Entwicklung in den neu besiedelten Gebieten stattfand und nicht in den ursprünglichen germanischen Siedlungsgebieten an der Elbe und Oder und in Südskandinavien. Ebenso bemerkenswert ist, dass „westgerm. Gemeinsamkeiten" (König 2005, 53) bereits als „sekundäre Ausgleichsentwicklungen ... angesehen" (ebd., 53) werden und daher eine konvergente Entwicklung darstellen. Auch die durch die hochdeutsche Lautverschiebung erworbenen Gemeinsamkeiten der althochdeutschen Dialekte können als eine konvergente Erscheinung angesehen werden. Dies gilt jedoch nur für die Dialekte, welche an der zweiten Lautverschiebung teilgenommen haben. Sie haben sich gleichwohl durch diese Entwicklung von den anderen Dialekten

(Niederdeutsch, Niederfränkisch u. a.) entfernt, was als divergente Entwicklung anzusehen ist.

4.2 Der Weg zur Standard-Schriftsprache und deren Aussprache

Überregionale Beziehungen (Handel, Recht, Verwaltung, Politik, Kommunikation, Religion), vielleicht auch die Verbesserung der Mobilität (Wegebau, bessere Verkehrsmittel, Pferdestafetten und Postwesen) sowie neue Medien (Buchdruck) als auch die von der Bevölkerung seinerzeit meistgelesene Lutherübersetzung der Bibel trugen zu einer sukzessiven Vereinheitlichung überregionaler deutscher Schriftsprachen bei.

Nach vielen Diskussionen über Wortwahl und Grammatik dieser neuen Schriftsprachen wurden diese zu einer Standard-Schriftsprache zusammengefügt und angepasst. Diese Entwicklung hin zur „neuhochdeutschen Schriftsprache" (König 2005, 91) ist „im 17. Jh. in wesentlichen Zügen abgeschlossen" (ebd.).

Im weiteren Verlauf führten Diskussionen über die richtige Aussprache dieser neuen gemeinsamen Schriftsprache zu einer mehr oder weniger einheitlichen Aussprache, welche jedoch regionale Färbungen behielt.

Nach einer Phase der Ausbreitung und Ausdifferenzierung der germanischen Sprachen und Dialekte im ersten Jahrtausend kehrte sich anschließend durch neue Techniken und überregionale Beziehungen der Trend um in Richtung einer Vereinheitlichung zu einer Standardsprache, welche zunächst nur eine Schriftsprache war. Diese Entwicklung zum Neuhochdeutschen verlief ebenso wie die Entwicklung zum Althochdeutschen und die „sekundäre[n] Ausgleichsentwicklungen" (König 2005, 53) der westgermanischen Dialekte konvergent, gleichwohl gegenüber den Dialekten, welche diese Veränderungen nicht mitmachten divergent.

Da an der Entwicklung der überregionalen neuhochdeutschen Schriftsprache hauptsächlich hochdeutsche Dialekte (besonders ostmittelhochdeutsche) beteiligt waren, war der „Abstand" (Krischke 2009, 123) dieser Standard-Schriftsprache zu den niederdeutschen Dialekten größer als zu den hochdeutschen Dialekten. Dies führte dazu, dass die Sprecher niederdeutscher Dialekte die neue einheitliche Schriftsprache fast wie eine neue

Sprache oder gar „als Fremdsprache" (König 2005, 135) erlernen mussten und sie daher auch in der Aussprache kaum mit dem eigenen Dialekt mischten, während die Übergänge von der Aussprache der Schriftsprache zur Aussprache der hochdeutschen Dialekte fließend war und noch heute ist. Die Sprecher niederdeutscher Gebiete „gewöhnten sich dadurch eine ziemlich buchstabengetreue Leseaussprache an" (Krischke 2009, 123) und wurden so zu vorbildlichen Aussprechern der neuen Standard-Schriftsprache. Diese Aussprache, die Krischke (2009, 123) sogar „Niederhochdeutsch" und „niederhochdeutsche Musteraussprache" nennt, hatte sich im „Im Norden … als Sprache der Städter (und dort v. a. der gebildeten Schichten) schon früh durchgesetzt" (König 2005, 135) und das Plattdeutsche zurückgedrängt. Dieser Prozess des Zurückdrängens des Plattdeutschen begann allerdings bereits im 15. Jahrhundert im Zuge der Übernahme des Mitteldeutschen durch norddeutsche „städt. Oberschichten" (König 2005, 103) und führte dazu, dass „das Plattdeutsche als Sprechsprache" (ebd.) in [einigen, Anm. des Autors] norddeutschen Städten ausstarb („ausstirbt" (ebd.)).

Im 18. Jahrhundert hatten sich die Schreibsprachen so sehr vereinheitlicht, dass sich das „Ansehen einer Landschaft nur mehr auf das dort gesprochene Deutsch beziehen" (König 2005, 101) konnte und „Meißens Anspruch … immer mehr am tatsächlich dort Gesprochenen gemessen" (ebd.) wird. Dies führte selbst bei „protestantischen Gelehrten" (ebd.) zu Zweifeln „an der Vorbildlichkeit des Meißnisch-Sächsischen" (ebd.).

An diesem Weg zur einheitlichen Hochsprache waren also mehrere Dialekte und viele Vereinheitlichungsprozesse beteiligt, was in Europa und vielleicht auch in der Welt außergewöhnlich ist: Üblicherweise setzt sich ein (gewachsener) regionaler Dialekt aufgrund von Hegemonie oder höherem Ansehen als Dachsprache durch. Ob die Entwicklungen zu westgermanischen Sprachgemeinsamkeiten, zum Althochdeutschen, Mittelhochdeutschen und Neuhochdeutschen so konvergent verliefen, dass sie schon einen Sprachbund-Charakter aufweisen, kann im Rahmen dieser Arbeit nicht beantwortet werden.

5 Personenbefragung

5.1 Fragebogen

Der Fragebogen richtet sich an Deutsche oder an in einer deutschen Sprach-
umgebung aufgewachsene Personen. Der Fragebogen wurde an Menschen
in der persönlichen Umgebung des Autors verteilt. Die Befragten stellen also
keine repräsentative Stichprobe aller Deutschsprechenden dar und stellen
auch keine prozentualen Anteile der Bevölkerung dar. Mittels dieses
Fragebogens soll die subjektive Einschätzung der Befragten (Laien) ermittelt
und der Frage nachgegangen werden, ob es möglich ist, dass das Hochdeutsche oder Standarddeutsche als Muttersprache erlernt wird. Die von den
Befragten anzukreuzenden Antworten sind teils nominal auswählbar und teils
ordinal skaliert; keine der Antworten ist kardinal skaliert.

5.2 Grafische Darstellung der Ergebnisse

Im Folgenden werden die Ergebnisse der Umfrage dargestellt. Die nicht-
repräsentative Stichprobe umfasst 19 befragte Personen. Da nicht immer alle
Fragen beantwortet bzw. mangels Plausibilität der Antworten gewertet
wurden, ist die Summe der Antworten nicht bei allen Fragen gleich 19.

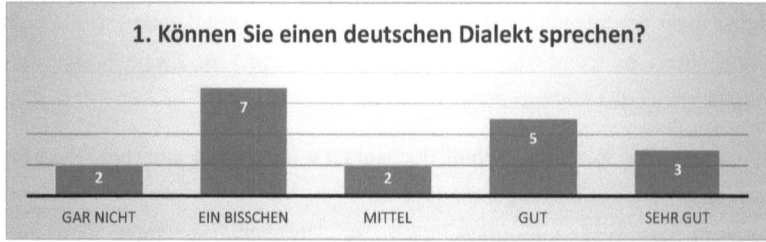

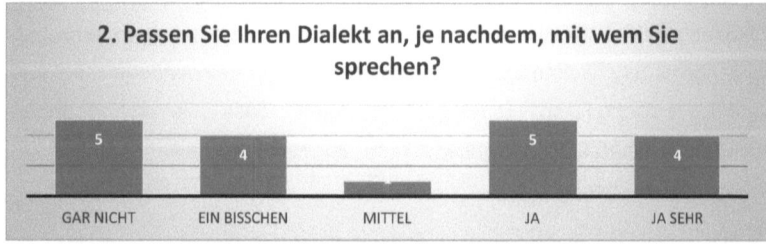

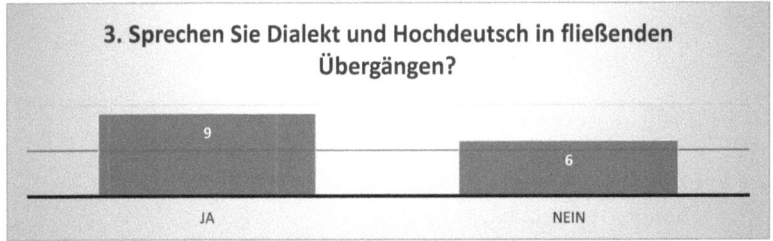

3. Sprechen Sie Dialekt und Hochdeutsch in fließenden Übergängen?

JA 9 | NEIN 6

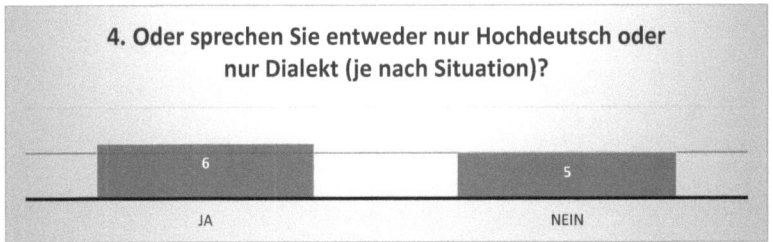

4. Oder sprechen Sie entweder nur Hochdeutsch oder nur Dialekt (je nach Situation)?

JA 6 | NEIN 5

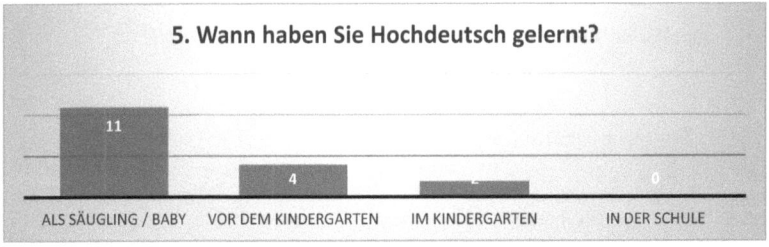

5. Wann haben Sie Hochdeutsch gelernt?

ALS SÄUGLING / BABY 11 | VOR DEM KINDERGARTEN 4 | IM KINDERGARTEN | IN DER SCHULE 0

6. Glauben Sie, dass Hochdeutsch Ihre Muttersprache ist?

JA 14 | NEIN

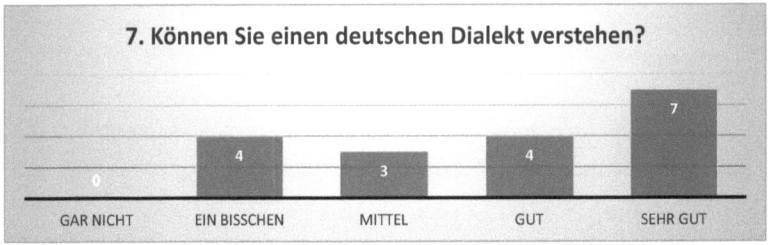

7. Können Sie einen deutschen Dialekt verstehen?

GAR NICHT 0 | EIN BISSCHEN 4 | MITTEL 3 | GUT 4 | SEHR GUT 7

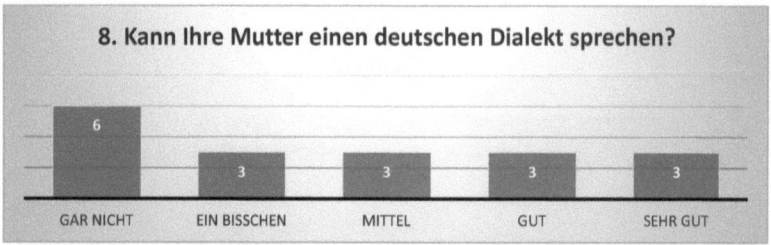

8. Kann Ihre Mutter einen deutschen Dialekt sprechen?

| GAR NICHT | EIN BISSCHEN | MITTEL | GUT | SEHR GUT |
| 6 | 3 | 3 | 3 | 3 |

9. Kann Ihre Mutter einen deutschen Dialekt verstehen?

| GAR NICHT | EIN BISSCHEN | MITTEL | GUT | SEHR GUT |
| 1 | 6 | | 4 | 6 |

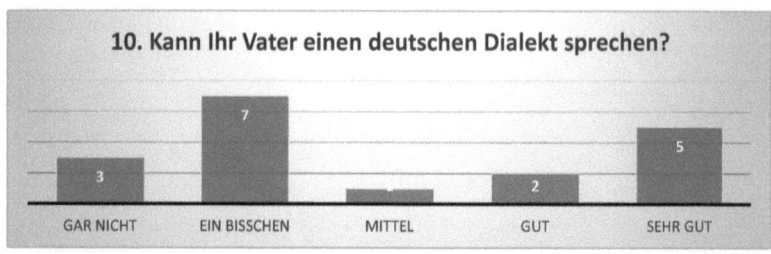

10. Kann Ihr Vater einen deutschen Dialekt sprechen?

| GAR NICHT | EIN BISSCHEN | MITTEL | GUT | SEHR GUT |
| 3 | 7 | | 2 | 5 |

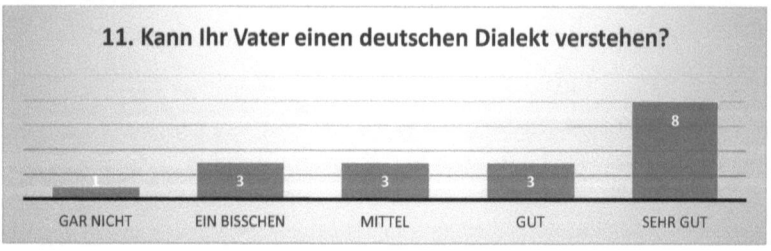

11. Kann Ihr Vater einen deutschen Dialekt verstehen?

| GAR NICHT | EIN BISSCHEN | MITTEL | GUT | SEHR GUT |
| 1 | 3 | 3 | 3 | 8 |

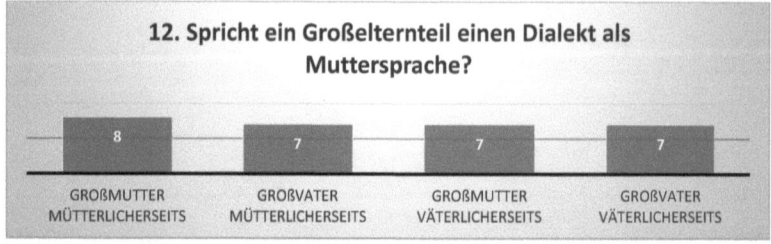

12. Spricht ein Großelternteil einen Dialekt als Muttersprache?

| GROßMUTTER MÜTTERLICHERSEITS | GROßVATER MÜTTERLICHERSEITS | GROßMUTTER VÄTERLICHERSEITS | GROßVATER VÄTERLICHERSEITS |
| 8 | 7 | 7 | 7 |

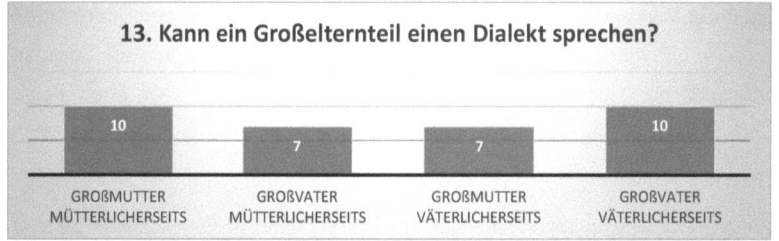

13. Kann ein Großelternteil einen Dialekt sprechen?

10	7	7	10
GROßMUTTER MÜTTERLICHERSEITS	GROßVATER MÜTTERLICHERSEITS	GROßMUTTER VÄTERLICHERSEITS	GROßVATER VÄTERLICHERSEITS

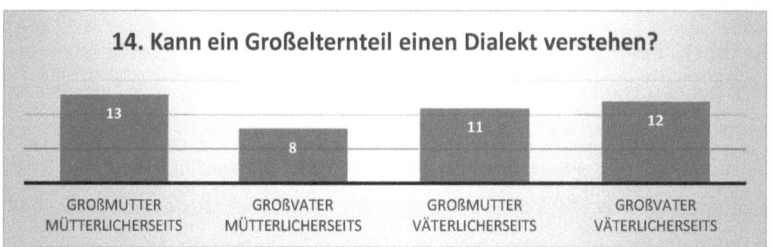

14. Kann ein Großelternteil einen Dialekt verstehen?

13	8	11	12
GROßMUTTER MÜTTERLICHERSEITS	GROßVATER MÜTTERLICHERSEITS	GROßMUTTER VÄTERLICHERSEITS	GROßVATER VÄTERLICHERSEITS

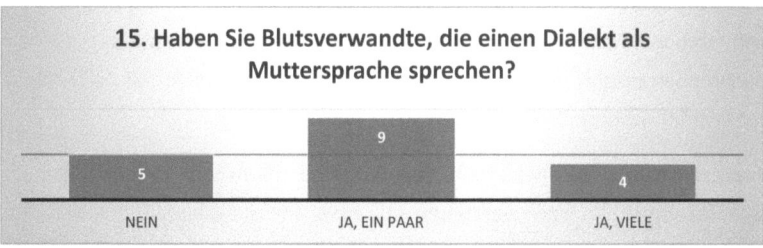

15. Haben Sie Blutsverwandte, die einen Dialekt als Muttersprache sprechen?

5	9	4
NEIN	JA, EIN PAAR	JA, VIELE

5.3 Auswertung

Neun befragte Personen gaben an, einen deutschen Dialekt „gar nicht" oder nur „ein bisschen" sprechen zu können. Die gleichen Befragten gaben ebenfalls an, ihre Sprache (bezüglich eines Dialekts) „gar nicht" oder nur „ein bisschen" ihrem Gesprächspartner oder ihrer Gesprächspartnerin anzupassen.

Konsequenterweise bezeichnen diese (und weitere) Personen Hochdeutsch als ihre Muttersprache, welche sie als Baby / Kleinkind (11) oder vor dem Kindergarten (4) gelernt haben. Insgesamt gaben 14 von 16 gewerteten Personen oder fast 88 % an, dass Hochdeutsch ihre Muttersprache ist und nur 2 Personen verneinten dies (mangels Plausibilität wurden ein „ja" zweimal „jein" nicht gewertet).

Bei Frage 3 verneinten 6 Personen, dass sie Dialekt in fließenden Übergängen sprechen. Folgerichtig gaben die gleichen Personen bei Frage 4 an, dass sie entweder nur Hochdeutsch sprechen oder nur Dialekt, aber eben keine Übergänge (im umgekehrten Fall gab es mehrere Plausibilitäts-Ungereimtheiten).

Immerhin 14 Personen können einen deutschen Dialekt „mittel" bis „sehr gut" verstehen und niemand gab an, einen deutschen Dialekt „gar nicht" zu verstehen.

10 von 19 befragten Personen gaben an, einen deutschen Dialekt mittel bis sehr gut sprechen zu können. 14 von 18 gewerteten Befragten können einen deutschen Dialekt mittel bis sehr gut verstehen. 9 bzw. 11 Mütter der Befragten können einen deutschen Dialekt mittel bis sehr gut sprechen bzw. verstehen. 8 bzw. 14 Väter der Befragten können einen deutschen Dialekt mittel bis sehr gut sprechen bzw. verstehen. Die Antworten auf die Fragen 8 bis 11 ergeben auch, dass etwas mehr Väter einen Dialekt sehr gut verstehen und sprechen als die Mütter, jedoch kann dies angesichts der kleinen Stichprobenanzahl und des geringen Unterschieds nicht als signifikant bezeichnet werden.

Interessant ist, dass etwas mehr Befragte einen deutschen Dialekt mittel bis sehr gut sprechen bzw. verstehen (10 bzw. 14) als deren Eltern (für den Vergleich geteilt durch zwei: 17/2=8,5 bzw. 25/2=12,5). Dies könnte auf einen kleinen Anstieg der Bedeutung von Dialekten hinweisen, gleichwohl ist der Umfang der Erhebung und der Unterschied zwischen den Gruppen zu gering, als dass hier schon von einer Tendenz gesprochen werden könnte.

Die Antworten auf die Fragen zur Eltern- und Großelterngeneration zeigen, dass mehr Großeltern (für den Vergleich geteilt durch zwei) Dialekte sprechen (34/2=17) bzw. verstehen (44/2=22) können als die Eltern. Dies gilt allerdings nur dann, wenn bei den Eltern nur die gut und sehr gut sprechenden und verstehenden Eltern gewertet werden. Nimmt man hier die „mittel" sprechenden und verstehenden Elternteile hinzu (insgesamt 17 bzw. 25), so ergibt sich ein ungefährer Gleichstand zwischen beiden Generationen. Der Fragebogen ist also diesbezüglich zu unspezifisch, als dass man hieraus die

Tendenz ableiten könnte, dass die Bedeutung des Dialekts für die Eltern-generation im Vergleich zur Großelterngeneration teilweise verloren ge-gangen ist.

Aus der Umfrage und aus Gesprächen mit den Befragten ging auch hervor, dass es u. a. 3 Gruppen von Sprechern der deutschen Sprache gibt:

- Deutschsprechende, deren Muttersprache ein Dialekt ist
- Deutschsprechende, deren Muttersprache Hochdeutsch ist, die aller-dings auch einen Dialekt sprechen können
- Deutschsprechende, deren Muttersprache Hochdeutsch ist, die keinen Dialekt sprechen können

5.4 Plausibiltätskontrolle und Fragebogendesign

Eine Plausibilitätskontrolle ergab, dass eine Person Dialekt und Hochdeutsch nicht in fließenden Übergängen spricht, jedoch die Frage „Oder sprechen Sie entweder nur Hochdeutsch oder nur Dialekt" ebenfalls mit „nein" beantwortete. Es war wohl gemeint, dass sie in keiner Situation einen Dialekt benutzt (sie hatte angegeben, dass sie „ein bisschen" Dialekt sprechen kann.) Hier offenbart sich ein Schwachpunkt des Fragebogendesigns, da die mögliche Konstellation *ich kann Dialekt sprechen* aber *benutze ihn in keiner Situation* nicht auswählbar war. Diese Antwort wurde nicht gewertet, da die beiden Fragen ausschließlich auf Dialektsprecher abzielen.

Ebenfalls nicht plausibel sind die Antworten von immerhin 3 Personen, die angeben, im Kindergarten oder später Hochdeutsch gelernt zu haben und dennoch Hochdeutsch als ihre Muttersprache ansehen. Eine Person hat die zweite Seite des Fragebogens wohl aus Versehen nicht beantwortet. Die restlichen Antworten dieser Person wurden dennoch gewertet.

Während der Umfrage sind einige Fragen bzw. das Fragebogendesign als problematisch aufgefallen. So wurden teilweise Fragen zu Dialekten von Befragten beantwortet, die eigentlich angaben, keinen Dialekt zu können. Die gleichen Fragen wurden von einem anderen Teil der gleichen Gruppe konsequenterweise nicht beantwortet. Die Antworten beider Gruppen wurden hier weggelassen, da die Fragen 3 und 4 ausschließlich auf Dialektsprecher abzielen.

6 Diskussion

Ist Hochdeutsch bzw. Standarddeutsch für einige Personen die Muttersprache? Ist Hochdeutsch eine Kunstsprache, die gar keine Muttersprache sein kann, weil sie ein nie zu erreichendes theoretisches Ideal darstellt?

Die Entwicklung der deutschen Standardsprache als Dachsprache vieler Dialekte unterscheidet sich erheblich von der Entstehung von Dachsprachen in anderen Ländern. Die Frage, ob das Standard-Französische Muttersprache sein kann ist leichter zu beantworten, da sie in einem ungesteuerten Prozess als natürliche Sprache respektive natürlicher Dialekt in einer Region entstanden ist und sich dann als überregionale Hochsprache *durchgesetzt* hat. Beim Standarddeutschen ist dies anders: es ist nicht als Dialekt in einer Region ‚natürlich' gewachsen, sondern wurde von meist gebildeten Menschen zuerst in der Schriftsprache entwickelt, um überregional kommunizieren zu können, wobei die größtmögliche Verständlichkeit das Ziel war und daher teilweise aus verschiedenen Dialekten Wörter ausgewählt wurden, von denen man annahm, dass sie dieses Ziel der Verständlichkeit bestmöglich erreichen. Jedoch war dieser Konvergenzprozess nicht von einer Macht oder Obrigkeit gesteuert oder gar in Auftrag gegeben. Ebenso war keineswegs lediglich ein Gremium von wenigen Menschen, sondern waren viele Menschen über einen langen Zeitraum daran beteiligt, so dass wir es mit einem ungesteuerten, autonomen, langwierigen und endogenen Prozess zu tun haben, bei dem sich eher die Praxis – also die Verwendung und Akzeptanz der Neuheiten durch die Menschen – als Maßstab dafür erwies, was sich durchsetzte und zur Hochsprache herauskristallisierte.

Dieser Prozess war daher zwar zielgerichtet (überregionale Verständlichkeit), jedoch sehr wohl ergebnisoffen. Er entsprang vor allem einem Bedürfnis (Buchdruck) und einer Notwendigkeit (Kanzlei-Kommunikation), sich überregional zu verständigen. Insofern passten die Menschen die Sprache an neue Gegebenheiten an, indem sie nicht etwa eine neue Sprache auf dem Reißbrett erfanden, sondern aus den Dialekten eine gemeinsame Hochsprache schufen. Es wurden also keineswegs oder nur zu einem geringen Teil neue Wörter geschaffen (A-priori-Sprache), sondern vielmehr a-posteriori Wörter aus mehreren Dialekten gegenseitig entlehnt und vereinheitlicht, wodurch die deutsche Dachsprache gleichwohl einen gewissen Sprachbundaspekt aufweist. Dieser Aspekt und die Zielgerichtetheit sowie die Tatsache, dass meist gebildete Verwaltungsbeamte und Professoren nebst Martin Luther und nicht das Volk die neue Dachsprache gestalteten und daraufhin das Bildungsbürgertum in den Städten sie übernahm, lässt einen gewissen Kunstsprach-Charakter nicht übersehen. Die neu entstandene Hochsprache wurde allerdings nicht von einer Obrigkeit oder einem Gremium durchgesetzt (extrinsisch), sondern setzte sich im Volk durch, weil sie ein hohes Ansehen hatte (intrinsisch), auch wenn es für viele einzelne Menschen vielleicht ein extrinsischer Prozess war: Viele übernahmen die neue Hochsprache des Bildungsbürgertums möglicherweise aus Angst vor gesellschaftlichem Abstieg.

Die Tatsache, dass sich das Standarddeutsche zunächst als Schriftsprache etabliert hat und erst danach sich die Aussprache dieser Schriftsprache anpasste reicht nicht aus, um das Standarddeutsche als Kunstsprache zu bezeichnen. Die Schriftsprache hat sich im Zuge eines langjährigen Konvergenzprozesses aus mehreren Dialekten entwickelt. An diesem Prozess waren, zwar nicht das ganze oder gemeine Volk, wohl aber sehr viele Personen beteiligt, und er wurde nicht in Auftrag gegeben.

Ebenso reicht es nach Meinung des Autors nicht aus, das Standarddeutsche als Kunstsprache zu bezeichnen, weil nur wenige Personen und Vereinigungen oder Organisationen durch Regelwerke zu seiner Vereinheitlichung beitrugen, da erstens dies auch in anderen Ländern bzw. für andere Sprachen gilt, bei denen niemand auf den Gedanken kommt, sie als Kunstsprachen zu bezeichnen (z. B. die Académie française für die französische Sprache). Zweitens wurden auch nicht alle diese Organisationen von zentraler Stelle beauftragt und ebenso setzten sich auch nicht alle Regelwerke und Empfehlungen durch – ein Zeichen für die Lebendigkeit der Entwicklung zur überregionalen Dachsprache.

Es gibt jedoch neben den erwähnten Konvergenzen einen großen Unterschied zu vielen anderen Sprachen: Die *Aussprache* der aus den Dialekten entstandenen einheitlichen Schriftsprache hat sich aus eben dieser entwickelt und nicht umgekehrt. Noch dazu wurde im Laufe der Zeit diejenige Aussprache als vorbildlich angesehen, welche am buchstabengetreusten war.

Der große Unterschied zwischen der neuhochdeutschen Schriftsprache und den regionalen Dialekten Norddeutschlands führte dazu, dass Menschen dieser Regionen die neue Schriftsprache fast wie eine Fremdsprache lernen mussten – sie daher auch nicht mit ihrem Dialekt vermischten und entsprechend buchstabengetreuer aussprachen. Vor diesem Hintergrund hat die deutsche Hochsprache also einen weiteren künstlichen Aspekt, der jedoch nicht in der Schriftsprache zu suchen ist, sondern in der Aussprache, welche nicht natürlich gewachsen ist, sondern gerade von den norddeutschen Sprechern anhand einer fast fremden Schriftsprache neu erlernt werden musste.

Die Erörterung zeigt nach Ansicht des Autoren eindeutig auf, dass das Standarddeutsche zwar bezüglich einiger Entstehungsprozesse – besonders der Aussprache – künstliche Aspekte aufweist, in ihrer Gesamtheit jedoch nicht als Kunstsprache bezeichnet werden kann, da einerseits die Eigenschaften einer ‚natürlichen' Entwicklung deutlich überwiegen (Autonomie, Ergebnisoffenheit, Unplanmäßigkeit, Endogenität, Länge des Prozesses (Diachronie) u. a.) und andererseits sich die Sprache seit ihrer Entstehung lebendig weiterentwickelt – dies vielleicht sogar in zunehmendem Maße durch in der breiten Masse der Bevölkerung entstandene Sprachimpulse.

Kann nun diese immerhin zuerst als Schriftsprache entstandene Standardsprache als Muttersprache erworben werden, wenn doch zur Zeit ihrer Entstehung niemand diese Schriftsprache als Muttersprache erworben haben kann, da sie anfangs noch gar nicht als Sprechsprache existierte? Dies wäre erstens nur möglich, wenn die Eltern mit ihren Kindern eine andere Sprache als ihre Muttersprache sprechen würden, und zweitens wäre dies nur über einen länger andauernden Prozess denkbar. Genau dies scheint gleichwohl stattgefunden zu haben, da die weitaus überwiegende Mehrheit der Befragten der Meinung ist, dass Hochdeutsch ihre Muttersprache sei (es ist das umgangssprachliche Hochdeutsch, also das Standarddeutsch gemeint).

Darüber hinaus zeigt die Umfrage, dass es Menschen gibt, die ihre Sprache nicht ihrer Umgebung anpassen, also mit allen Menschen auf die gleiche Weise sprechen. Die Menschen, die dies von sich behaupten, haben *alle* ebenfalls angegeben, dass sie keinen Dialekt sprechen können oder dies nur ein bisschen können. Dies lässt nur einen Schluss zu: Diese Menschen passen ihre Sprache ihrer Umgebung nicht an, weil sie es gar nicht oder nur in geringem Maße können.

Die *Gegenprobe* ist hier zulässig: Welche Sprache sprechen Menschen, die von sich sagen, dass sie keinen Dialekt oder nur ein bisschen Dialekt sprechen können? Welchen Dialekt sprechen diese Menschen, wenn sie ihre Sprechweise (bezüglich der Aussprache oder eines Dialekts) nicht variieren respektive nicht variieren können? Welche Sprache sprechen Menschen, die von sich sagen, sie könnten einen Dialekt – also auch den Dialekt ihrer Umgebung oder Heimat – lediglich ein bisschen verstehen? Als einzig mögliche Antwort kommt hier nur die Hochsprache in Frage.

Auch andere Umfragen zeigen eindeutige Ergebnisse. So „beantworten zwischen 46 und 51% der Erwachsenen die Frage, ob sie einen Dialekt sprechen, positiv" (Stickel/Volz 1999. Zit. n. Bausch o. J., 1). Dieses Ergebnis bezieht sich auf den „Bundesdurchschnitt" (ebd.). Im Umkehrschluss bedeutet dies, dass 49 bis 54 % der Bundesdeutschen keinen Dialekt sprechen (oder ihn zumindest nicht häufig verwenden). Die Grafik 2 in der gleichen Publikation (Bausch o. J., 1) zeigt, dass in Süd-Niedersachsen, Süd-Brandenburg, Berlin und Hamburg nur 0 bis 20% der Bevölkerung einen Dialekt sprechen.

Ein „Zensus 1984" (Dieter Stellmacher o. J. Zit. n. Göttert 2011, 94f) in Nieder-sachsen zeigt, dass in Süd-Niedersachsen 53 % der Männer und 57 % der Frauen „überhaupt keinen Dialekt beherrschen". Die gleiche Umfrage ergab, dass in Niedersachsen die „Hälfte der Eltern im Norden und zwei Drittel im Süden Niedersachsens ... mit ihren Kindern niemals Dialekt" (ebd., 97) sprachen.

Dass das Standarddeutsche Muttersprache sein kann, bestätigt auch der Sprachwissenschaftler Andreas Wesch (o. J.): „Meine Muttersprache war schon immer Hochdeutsch, ist hartnäckig Hochdeutsch und wird immer Hochdeutsch bleiben, ..."

Zusammenfassend kann man also sagen, dass die standarddeutsche Sprache trotz einiger nicht zu übersehender künstlicher Aspekte ihrer Entstehungs-prozesse überwiegend eine natürliche Sprache ist, die durch konvergente Entwicklungen aus natürlich gewachsenen Dialekten entstanden ist. Ebenso eindeutig stellt das umgangssprachlich als Hochdeutsch bezeichnete

Standarddeutsch für einen erheblichen Anteil der deutschen Bevölkerung die Muttersprache dar. Dieses Standarddeutsch kann gleichwohl eine „gewisse [regionale] Färbung" (Göttert 2011, 95) besitzen.

7 Literatur

Bausch, Karl-Heinz (o. J., ca. 2002): Die deutsche Sprache – eine Dialektlandschaft, In: *Nationalatlas Bundesrepublik Deutschland, Band 6: Bildung und Kultur.* Spektrum Akademischer Verlag [heute: Springer Spektrum]. Elektronische Publikation: URL: http://archiv.nationalatlas.de/wp-content/art_pdf/Band6_94-95_archiv.pdf [24.06.2018].

Dudenverlag unter Geschäftsführung von Carstens, Olaf / Herbst, Joachim (Hg) (2018): *Duden.de. Stichwort: Akzent.* URL: https://www.duden.de/rechtschreibung/Akzent [27.06.2018].

Google LLC (Hg.) (2018): *Google Gruppen. Wo spricht man das beste Hochdeutsch?* geposted am 25.3.2011. URL: https://groups.google.com/forum/#!topic/de.etc.sprache.deutsch/vrFQY5ySYuk%5B1-25%5D [24.06.2018]. Mountain View, Kalifornien: Google Dienste.

Göttert, Karl-Heinz (2011): *Alles außer Hochdeutsch. Ein Streifzug durch unsere Dialekte.* Berlin: Ullstein.

König, Werner (2015): *dtv-Atlas Deutsche Sprache.* 18. durchgesehene und korrigierte Auflage [1. Auflage 1978, 10. überarbeitete Auflage 1994]. München: Deutscher Taschenbuchverlag.

Krischke, Wolfgang (2009): *Was heißt hier Deutsch? Kleine Geschichte der deutschen Sprache.* München: C. H. Beck.

Stedje, Astrid (2007): *Deutsche Sprache gestern und heute.* 6. neu bearbeitete Auflage. Paderborn: Wilhelm Fink

Wesch, Andreas (o. J.): Dialekte sind etwas Schönes, aber es lebe auch das Neuhochdeutsche!!. URL: http://www.uni-koeln.de/phil-fak/roman/home/wesch/hochdeutsch.htm [25.06.2018]

Wikipedia, Die freie Enzyklopädie (Hg) (2018a): Seitentitel: *Hochdeutsche Dialekte.* Bearbeitungsstand: 26. Januar 2018, 00:04 UTC. URL: https://de.wikipedia.org/w/index.php?title=Hochdeutsche_Dialekte&oldid=173334532 [6. Mai 2018, 16:59 UTC].

Wikipedia, Die freie Enzyklopädie (Hg) (2018b): Seitentitel: *Anatolien-Hypothese.* Bearbeitungsstand: 27. März 2018, 16:02 UTC. URL: https://de.wikipedia.org/wiki/Anatolien-Hypothese [13. Mai 2018, 19:32 UTC].

Wikipedia, Die freie Enzyklopädie (Hg) (2018c): Seitentitel: *Zweite Lautverschiebung.* Bearbeitungsstand: 6. Mai 2018, 22:07 UTC. URL: https://de.wikipedia.org/wiki/Zweite_Lautverschiebung [23. Mai 2018, 21:52 UTC].

Wikipedia, Die freie Enzyklopädie (Hg) (2018d): Seitentitel: *Germanische Sprachen.* Bearbeitungsstand: 14. April 2018, 03:31 UTC. URL: https://de.wikipedia.org/wiki/Germanische_Sprachen [25. Mai 2018, 19:32 UTC].

Wikipedia, Die freie Enzyklopädie (Hg) (2018e): Seitentitel: *Muttersprache.* Bearbeitungsstand: 5. Juni 2018, 02:22 UTC. URL: https://de.wikipedia.org/wiki/Muttersprache [10. Juni 2018, 15:49 UTC].

Wikipedia, Die freie Enzyklopädie (Hg) (2018f): Seitentitel: *Erstsprache.* Bearbeitungsstand: 30. April 2018, 20:36 UTC. URL: https://de.wikipedia.org/wiki/Erstsprache [10. Juni 2018, 16:25 UTC].

Wikipedia, Die freie Enzyklopädie (Hg) (2018g): Seitentitel: *Konstruierte Sprache*. Bearbeitungsstand: 3. Juni 2018, 18:23 UTC. URL: https://de.wikipedia.org/wiki/Konstruierte_Sprache#Formale_Sprachen [10. Juni 2018, 17:13 UTC].

Wikipedia, Die freie Enzyklopädie (Hg) (2018h): Seitentitel: *Natürliche Sprache*. Bearbeitungsstand: 22. Februar 2018, 21:25 UTC. URL: https://de.wikipedia.org/wiki/Nat%C3%BCrliche_Sprache [27. Juni 2018, 22:46 UTC].

Wikipedia, Die freie Enzyklopädie (Hg) (2018i): Seitentitel: *Akzent (Aussprache)*. Bearbeitungsstand: 8. Juni 2018, 06:00 UTC. URL: https://de.wikipedia.org/wiki/Akzent_(Aussprache) [27. Juni 2018, 20:39 UTC].

Wikipedia, Die freie Enzyklopädie (Hg) (2018j): Seitentitel: *Dialekt*. Bearbeitungsstand: 3. Juni 2018, 19:20 UTC. URL: https://de.wikipedia.org/wiki/Dialekt [27. Juni 2018, 23:54 UTC].

8 Bildnachweis

Abbildung 1: Giorgiogp2 - Eigenes Werk, CC BY-SA 3.0, https://commons.wikimedia.org/w/index.php?curid=13309952 in: https://de.wikipedia.org/wiki/Anatolien-Hypothese#/media/File:Greenland_Gisp2_Temperature.svg

9 Anhang: Fragebogen

Umfrage zu deutschen Dialekten und Hochdeutsch

Können Sie einen deutschen Dialekt <u>sprechen</u>?

gar nicht	ein bisschen	mittel	gut	sehr gut
☐	☐	☐	☐	☐

Passen Sie Ihren Dialekt an, je nachdem mit wem Sie sprechen?

gar nicht	ein bisschen	mittel	ja	ja sehr
☐	☐	☐	☐	☐

Sprechen Sie Dialekt und Hochdeutsch in fließenden Übergängen?

ja	nein
☐	☐

Oder sprechen Sie entweder nur Hochdeutsch oder nur Dialekt (je nach Situation)?

ja	nein
☐	☐

Wann haben Sie Hochdeutsch gelernt?

als Säugling	vor dem Kindergarten	im Kindergarten	in der Schule
☐	☐	☐	☐

Glauben Sie, dass Hochdeutsch Ihre Muttersprache ist?

ja	nein
☐	☐

Können Sie einen deutschen Dialekt <u>verstehen</u>?

gar nicht	ein bisschen	mittel	gut	sehr gut
☐	☐	☐	☐	☐

Kann Ihre Mutter einen deutschen Dialekt <u>sprechen</u>?

gar nicht	ein bisschen	mittel	gut	sehr gut
☐	☐	☐	☐	☐

Kann Ihre Mutter einen deutschen Dialekt <u>verstehen</u>?

gar nicht	ein bisschen	mittel	gut	sehr gut
☐	☐	☐	☐	☐

Kann Ihr Vater einen deutschen Dialekt <u>sprechen</u>?

gar nicht	ein bisschen	mittel	gut	sehr gut
☐	☐	☐	☐	☐

Kann Ihr Vater einen deutschen Dialekt <u>verstehen</u>?

gar nicht	ein bisschen	mittel	gut	sehr gut
☐	☐	☐	☐	☐

Spricht ein Großelternteil einen Dialekt als Muttersprache?

Großmutter mütterlicherseits	Großvater mütterlicherseits	Großmutter väterlicherseits	Großvater väterlicherseits
☐	☐	☐	☐

Kann ein Großelternteil einen Dialekt sprechen?

Großmutter mütterlicherseits	Großvater mütterlicherseits	Großmutter väterlicherseits	Großvater väterlicherseits
☐	☐	☐	☐

Kann ein Großelternteil einen Dialekt verstehen?

Großmutter mütterlicherseits	Großvater mütterlicherseits	Großmutter väterlicherseits	Großvater väterlicherseits
☐	☐	☐	☐

Haben Sie Blutsverwandte, die einen Dialekt als Muttersprache sprechen?

nein	ja ein paar	ja, viele
☐	☐	☐